Pequenas Grandes Líderes

MULHERES IMPORTANTES

DA

HISTÓRIA NEGRA

Pequenas Grandes Líderes

MULHERES IMPORTANTES DA HISTÓRIA NEGRA

VASHTI HARRISON

Tradução de Carolina Candido

HarperKids

FONTE DAS CITAÇÕES

Título original: *Little Leaders*

Todos os direitos desta publicação são reservados à Casa dos Livros Editora LTDA.
Nenhuma parte desta obra pode ser apropriada e estocada em sistema de banco de dados ou processo similar, em qualquer forma ou meio, seja eletrônico, de fotocópia, gravação etc., sem a permissão do detentor do copyright.

Diretora editorial: *Raquel Cozer*
Gerente editorial: *Alice Mello*
Editora: *Lara Berruezo*
Assistência editorial: *Anna Clara Gonçalves e Camila Carneiro*
Copidesque: *Karine Ribeiro*
Revisão: *Isis Pinto*
Design de capa: *Dave Caplan*
Adaptação de projeto gráfico: *Julio Moreira*
Texto "Maria Firmina dos Reis" para edição brasileira: *Mila Teixeira*

DADOS INTERNACIONAIS DE CATALOGAÇÃO NA PUBLICAÇÃO (CIP)
(CÂMARA BRASILEIRA DO LIVRO, SP, BRASIL)

Harrison, Vashti
   Pequenas grandes líderes : mulheres importantes da história negra / Vashti Harrison ; tradução de Carolina Cândido. -- Rio de Janeiro, RJ : HarperKids, 2022.

   Título original: Little Leaders
   ISBN 978-65-5980-022-3
   1. Mulheres negras - Biografia - Literatura infantojuvenil I. Título.

22-110254   CDD-028.5

HarperCollins Brasil é uma marca licenciada à Casa dos Livros Editora LTDA.
Todos os direitos reservados à Casa dos Livros Editora LTDA. Rua da Quitanda, 86, sala 601A – Centro
Rio de Janeiro, RJ – CEP 20091-005
Tel.: (21) 3175-1030
www.harpercollins.com.br

6 "nunca perdeu um passageiro": Harriet Tubman em um congresso de mulheres sufragistas, Nova York, 1896.

21 "Cor é vida": Alma Woodsey Thomas no livro *Mulheres artistas nas coleções em Washington,* de Josephine Withers (Galeria de Arte e Convenção Feminina pela Arte da Universidade de Maryland, 1979).

25 "Eu estava decidida a tentar. Tentei e tive sucesso": de uma entrevista com Bessie Coleman, "Aviadora teve que sacrificar sua vida para aprender a profissão" Chicago Defender, 8 de outubro de 1921.

45 "Eu sou a candidata do povo": do discurso de anúncio da campanha presidencial de Shirley Chisholm em 25 de janeiro de 1972. A frase completa foi "Eu sou a candidata do povo da América".

48 Todas as citações de Maya Angelou são do livro *Maya Angelou: And Still I Rise* [Ainda assim eu me levanto, em tradução livre].

64 "Faria outros viverem a história": de uma entrevista com Octavia E. Butler em *Publishers Weekly,* incluída em seu obituário no *New York Times,* 1 de março de 2006.

PARA TODAS AS MULHERES

CUJAS HISTÓRIAS ESTÃO NESTE LIVRO:

OBRIGADA POR SEREM LÍDERES,

OBRIGADA POR SEREM CORAJOSAS,

OBRIGADA POR SEREM DESTEMIDAS.

SOMOS GRATAS E NOS INSPIRAMOS.

PARA TODAS AS LÍDERES AINDA POR VIR, PEQUENAS OU GRANDES:

EU MAL POSSO ESPERAR PARA OUVIR SUAS HISTÓRIAS.

Sumário

Introdução

Este livro é fruto de um projeto que criei durante o Mês da História Negra. Começou como um desafio de desenho que inventei para mim mesma: ilustrar uma mulher da história afro-americana todos os dias durante o mês de fevereiro e postar a imagem finalizada nas redes sociais, com um breve resumo das realizações dela. Quando comecei a pesquisar e ler sobre as histórias incríveis de tantas mulheres, conhecidas e desconhecidas, fiquei surpresa por me emocionar. Como mulher negra, eu estudei a história do meu povo, mas nunca me senti tão conectada com a beleza e a paixão por trás da coragem delas. Seja lutando por suas famílias, por justiça social ou ousando se tornarem artistas ou astronautas, cada uma dessas mulheres quebrou barreiras para as que vieram depois.

Em uma sociedade em que ser negra e mulher significava ser uma intrusa ou, por vezes, invisível, elas ousaram ir atrás do que queriam, exigir o que mereciam. Algumas delas eram líderes ainda que não quisessem, enquanto outras nem ao menos tinham consciência de sua coragem, mas seus legados permanecem, pavimentando o caminho para que outras de nós possam segui-las. Muitas delas não tinham o objetivo de se tornar pioneiras, mas todas foram, e podemos usá-las como fonte de inspiração.

Quis contar todas essas histórias juntas para celebrar não somente a contribuição coletiva que tiveram para a história, mas também sua diversidade. Você reconhecerá algumas delas, como Harriet Tubman e Rosa Parks, mas também verá figuras menos famosas, como Alice Ball e Mary Bowser. Conhecerá cientistas, políticas, doutoras, pintoras, escultoras e dançarinas, todas mulheres negras. De forma alguma isso significa que este livro é somente para meninas negras — espero que leitoras de todas as origens

achem estas histórias atraentes e inspiradoras —, mas, quando o criei, tinha em mente tanto elas quanto uma versão mais jovem de mim. Penso nos tipos de sonhos que eu poderia ter tido se tivesse ouvido falar dessas mulheres enquanto crescia, se soubesse que tantas pessoas que se pareciam comigo tinham feito coisas tão incríveis. É transformador poder ver a você mesma na história de outra pessoa. Saber que um objetivo é alcançável pode ser empoderador. Espero que qualquer pessoa que leia estas biografias — seja ou não seja parecida com estas Pequenas Grandes Líderes — se inspire para ir atrás das coisas que realmente ama.

Esta coleção inclui somente algumas das incontáveis mulheres negras destemidas que fizeram coisas extraordinárias e viveram vidas incríveis. Com estas minibiografias, espero despertar seu interesse e encorajar você a descobrir mais sobre elas e as mulheres que seguiram os passos delas. As Pequenas Grandes Líderes estão aqui para guiar você nesta jornada pela história. Eu originalmente as imaginei como pequenas garotas servindo como atrizes substitutas para essas mulheres famosas — é por isso que são "pequenas" —, mas, quando comecei a colocá-las no mundo, elas se tornaram maiores do que imaginei. Projetei cada capítulo para ser independente porque quero que você, leitora, se veja em qualquer uma delas, e sinta a força delas em você.

A cada vez que virar a página, você irá descobrir uma nova mulher destemida que mudou a história. Que elas inspirem seu futuro.

Phillis Wheatley
Aprox. 1753–1784

POETA

Desde cedo foi possível notar a habilidade de Phillis com os livros. Quando tinha cerca de catorze anos, ela publicou a sua primeira história. Essa já seria uma grande realização para qualquer pessoa, mas foi ainda mais especial para Phillis, que era escravizada. Seu nome original, bem como data e local exato de nascimento são desconhecidos. Quando tinha oito anos de idade, foi tirada do seu lar na África e vendida por um negociante, sendo transportada para o outro lado do Atlântico até Boston, Massachusetts, a bordo de um navio chamado *Phillis*. Ela foi então vendida novamente para um homem chamado John Wheatley, que a comprou para ser uma serva para a esposa dele. Os Wheatley logo reconheceram a inteligência dela e começaram a apoiá-la. Ensinaram a Phillis desde Teologia a Mitologia — educação que era rara para mulheres e praticamente inexistente para mulheres negras. Com o apoio da família, ela viajou até a Inglaterra para publicar seu primeiro livro: *Poems on Various Subjects, Religious and Moral* [Poemas sobre assuntos variados, religião e moral, em tradução livre]. Phillis foi a primeira poeta afro-americana a ser publicada na história. Trocava cartas com George Washington e o famoso escritor e filósofo francês Voltaire, que a chamava de mestra do verso inglês. A obra dela era tão poderosa que abolicionistas a usavam como exemplo da inteligência e capacidade das pessoas negras.

Phillis foi emancipada em 1767. Infelizmente, viveu na pobreza até o falecimento. Apesar de ter recebido muitos elogios em vida, a validação da sociedade branca era essencial para o sucesso — e nunca aconteceu. Ela continuou a escrever, mas não conseguiu encontrar um editor nos Estados Unidos. O talento natural e o repertório de obras de Phillis seguem como contribuições fundamentais para a literatura americana.

Sojourner Truth
Aprox. 1797 – 1883

ABOLICIONISTA E DEFENSORA DOS DIREITOS DAS MULHERES

Sojourner nasceu escravizada na parte alta de Nova York com o nome de Isabella Baumfree. Teve a liberdade concedida em 1827 pelo Ato de Emancipação Gradual. Quando percebeu que o proprietário de escravizados planejava mantê-la sob seu domínio, Sojourner fugiu com a filha bebê a tiracolo. Mas essa ação teve um grande preço. Ela teve que deixar o filho de cinco anos para trás.

O proprietário de escravizados vendeu o filho dela para uma fazenda a milhares de quilômetros, no Alabama. Enquanto isso, Sojourner continuava se escondendo em Nova York até que sua liberdade fosse oficial. Quando a barra estava limpa, ela entrou com um caso no tribunal, alegando que o filho havia sido vendido ilegalmente. Foi uma das primeiras mulheres negras a entrar com um processo na América, e ainda que parecesse impossível, ela ganhou, e o filho foi recuperado!

Em 1843, ela mudou de nome para Sojourner (que significa viajante) e se tornou pregadora. Viajou pelo país, compartilhando mensagens pelos direitos das mulheres e pela abolição da escravidão em todos os lugares. Apesar de Sojourner não saber ler ou escrever, sua voz chegou longe. Em dezembro de 1851, ela fez um discurso que foi inventado na hora. Nesse discurso, advogou em defesa das mulheres negras que enfrentavam a dupla discriminação do racismo e do machismo e com frequência eram deixadas de lado da luta por igualdade. O discurso é conhecido pelo seu trecho mais famoso: *"Ain't I a woman?"* [Não sou eu uma mulher?].

Ela continuou a encorajar afro-americanos a lutarem a favor da União na Guerra Civil dos Estados Unidos, para que ex-escravizados tivessem onde viver, e pela dessegregação dos transportes públicos. Era uma agitadora e feroz ativista da igualdade.

"Não sou eu uma mulher?"

Harriet Tubman
1822–1913

ABOLICIONISTA, ENFERMEIRA, ESCOTEIRA E ESPIÃ

Uma entre nove filhos, Harriet nasceu durante a escravidão com o nome de Araminta Harriet Ross. Os pais dela eram da África Ocidental, vindos do povo guerreiro Axante. Enquanto muitos de seus irmãos foram vendidos e trocados para fazendas distantes, a sorte de Harriet foi permanecer próxima dos pais. Quando tinha quinze anos, acidentalmente bateram na cabeça dela com um peso de ferro, e Harriet entrou em coma por três dias. A lesão cerebral resultou em narcolepsia — que fazia com que ela dormisse a qualquer momento. Temendo que o proprietário de escravizados cedo ou tarde descobrisse, ela decidiu fugir para evitar o risco de ser vendida ou trocada. Após escapar e se ver livre em 1849, Harriet poderia ter permanecido no Norte. Mas, como sabia que era possível escapar, quis voltar para ajudar a família e qualquer pessoa que pudesse resgatar. Durante onze anos, voltou dezenove vezes para o Sul e liderou mais de trezentos homens, mulheres e crianças para a liberdade e segurança por meio do sistema secreto chamado de Estrada Subterrânea. Conhecida como "a condutora", ela "nunca perdeu um passageiro" nas travessias. Apesar de ser perigoso, Harriet colocava a vida em risco para salvar outras pessoas. Essa não foi a última vez. Durante a Guerra Civil, ela serviu como enfermeira e foi para o Norte disfarçada de espiã.

Harriet sempre procurava ajudar e dava o pouco que tinha para os outros. Viveu na pobreza por grande parte da vida e doou tempo, dinheiro e propriedades para pessoas necessitadas. Em 2016, o Departamento do Tesouro dos Estados Unidos anunciou uma proposta histórica para mudar a nota de vinte dólares: o rosto que há muito tempo ali estava, de Andrew Jackson, seria substituído pelo de Harriet, fazendo dela a primeira mulher estampada em cédulas dos Estados Unidos.

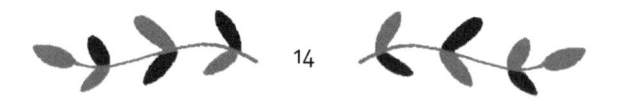

Rebecca Lee Crumpler
1831 – 1895

MÉDICA

Desde o começo da sua vida, cuidar de outras pessoas fazia parte da rotina de Rebecca. Ela foi criada na Pensilvânia pela tia, que prestava serviços de saúde para as pessoas do bairro. A paixão por ajudar a comunidade se tornou a missão da vida dela.

Rebecca frequentou uma escola particular em Massachusetts e trabalhou como enfermeira durante oito anos. Em 1860, inscreveu-se em uma escola de Medicina para estudantes brancas, a New England Female Medical College, uma atitude ousada e arriscada. Mas foi aceita e se formou em 1864, tornando-se a primeira médica afro-americana do país. Dos mais de 50 mil médicos nos Estados Unidos na época, apenas cerca de trezentos eram mulheres, e Rebecca era a única negra.

Ela começou a atuar em Boston, especializando-se no cuidado de mulheres e crianças. Mas, quando a Guerra Civil terminou, mudou-se para Richmond, no estado da Virgínia, para trabalhar com o Freedmen's Bureau. O derrotado Sul Confederado era extremamente hostil com os escravizados recém-libertados, então Rebecca trabalhou com a instituição para fornecer assistência médica a eles. Rebecca nasceu livre em Delaware — o estado com o maior número de pessoas negras livres antes da guerra. O racismo e a adversidade do Sul eram algo novo, mas ela os aguentou para poder ajudar os pobres e necessitados.

Ao longo da carreira, Rebecca teve especial paixão por ajudar mulheres e crianças. Em 1883, ela publicou um texto em duas partes intitulado *Um livro de discursos médicos*. A primeira parte se concentra nos cuidados com os bebês, e a segunda, na saúde da mulher. É possível que esse seja o primeiro artigo médico publicado por uma mulher negra.

Mary Bowser
Aprox. 1840 – ?

ESPIÃ NA GUERRA CIVIL

Há poucos registros acerca da vida de Mary. O que sabemos é que ela nasceu escravizada em Richmond, Virgínia, por volta de 1840. Foi comprada pela rica família Van Lew para ser companhia para a filha deles, Elizabeth. No entanto, os Van Lew não eram uma família sulista comum. Eles tinham um segredo. Eram espiões e abolicionistas do Norte envolvidos na secreta Estrada Subterrânea.

Antes da guerra, quando Mary era adolescente, Elizabeth concedeu-lhe liberdade e providenciou que ela fosse educada na Filadélfia. Mary queria ajudar os Van Lew em seus esforços contra a Confederação. Naquela época, no Sul, era ilegal um negro receber educação ou até mesmo ler. Por essa razão, ninguém jamais suspeitaria que Mary fosse uma ameaça. Como escravizada, ela podia se esconder à vista de todos. Então, concordou em se disfarçar na Casa Branca da Confederação de Jefferson Davis. Enquanto limpava, aproveitava para espiar memorandos confidenciais e, ao servir o jantar, escutava conversas entre oficiais confederados. Ela passou informações sobre os movimentos de tropas e os planos do exército para Elizabeth, que os repassou aos oficiais da União. Há rumores de que Mary tinha memória fotográfica e era capaz de recitar palavra por palavra de uma página após ler uma única vez.

Após a guerra, Mary educou escravizados libertos e viajou pelos Estados Unidos fazendo discursos. Por muito tempo, ela teve o cuidado de esconder sua verdadeira identidade, usando uma variedade de pseudônimos. Por fim, Mary desapareceu completamente, mas é lembrada até hoje. Em 1995, foi colocada no Hall da Fama da Inteligência Militar.

Mary Eliza Mahoney
1845 – 1926

ENFERMEIRA

Mary cresceu como uma mulher livre em Massachusetts, antes da Guerra Civil. Apesar de suas opções de carreira serem limitadas por ser uma mulher negra, Mary sabia que queria ser enfermeira. Aos dezoito anos, começou a trabalhar no Hospital para Mulheres e Crianças da Nova Inglaterra, mas ainda não tinha o papel de salvar vidas. Trabalhava como cozinheira e lavadora.

Embora Massachusetts fosse um estado líder no movimento antiescravagista, a discriminação e a segregação ainda eram um modo de vida. O hospital, no entanto, se orgulhava do fato de tratar pacientes negros e brancos. Havia também um programa de enfermagem considerado bastante progressista, que admitia um estudante negro e um estudante judeu por ano. Mary trabalhou na equipe do hospital por quinze anos antes de ser admitida no programa de enfermagem em 1878, aos 33 anos. Dos 42 alunos que foram aceitos naquele ano, apenas quatro se formaram. Mary era um deles.

Como enfermeira particular, Mary tinha a excelente reputação de ser habilidosa e paciente. Ela viajou pela Costa Leste e seu trabalho ajudou a desafiar o racismo no Sul. Logo entrou na Associação Americana de Enfermeiros (ANA). Em 1908, ajudou a apoiar a fundação da Associação Nacional de Graduados em Enfermagem Negros (NACGN) — que posteriormente deu o nome dela a um grande prêmio, em forma de homenagem.

A carreira de enfermagem de Mary durou 43 anos. Ela foi reconhecida como pioneira e, em 1976, foi introduzida no Hall da Fama das Enfermeiras da ANA. O local onde trabalhou, Hospital para Mulheres e Crianças da Nova Inglaterra, que foi renomeado para Dimock Center em 2007, tem uma nova unidade de saúde com o nome dela: o Centro Mary Mahoney.

Charlotte E. Ray
1850–1911

ADVOGADA

O pai de Charlotte era pastor e editor de um jornal abolicionista. A mãe dela ajudou os escravizados a fugirem para o Norte através da Estrada Subterrânea. Juntos, eles garantiram que todos os seus sete filhos tivessem educação universitária. Charlotte definitivamente herdou as qualidades de ativismo e proatividade dos pais. Quando jovem, ela se mudou de Nova York para Washington, DC, para estudar na Instituição para a Educação de Jovens Negros. Depois de concluir sua educação, começou a lecionar na Universidade Howard, treinando alunos para se tornarem professores de ensino fundamental. Mas Charlotte tinha outras coisas em mente.

Ela se inscreveu na faculdade de Direito exclusivamente masculina da Howard sob o nome de C. E. Ray. O comitê de admissão ficou surpreso ao descobrir que se tratava de uma mulher, mesmo assim permitiu que Charlotte frequentasse o curso. Ela estudou Direito Comercial enquanto ainda ensinava. O trabalho era exigente, mas ela concluiu o curso em 1872, tornando-se a primeira mulher afro-americana a se formar em Direito nos Estados Unidos, e a terceira mulher a conseguir tal feito.

Muitos notaram a habilidade e o conhecimento de Charlotte, mas seu gênero e raça a impediram de ter chances reais de construir uma carreira. Por vários anos ela tentou estabelecer um escritório jurídico, mas não teve sucesso.

Esse revés não impediu Charlotte de causar impacto. Ela voltou a lecionar, desta vez para jovens alunos da rede pública de ensino. Era defensora do direito das mulheres ao voto e delegada na Associação Nacional de Mulheres Sufragistas de 1876. É lembrada como pioneira, e seu legado continua vivo no Prêmio Charlotte E. Ray, concedido anualmente a uma promissora estudante afro-americana de Direito.

Ida B. Wells
1862 – 1931

JORNALISTA E ATIVISTA

Ida era uma ativista nata. Sempre se opôs à injustiça aonde quer que a visse. Nasceu escravizada no Mississippi, mas a emancipação chegou ao Sul durante sua infância, o que significou para ela a oportunidade de estudar. Após a faculdade, trabalhou como professora, mas perdeu o emprego por criticar as más condições das escolas negras segregadas.

Em 1884, 71 anos antes de Rosa Parks se recusar a ceder o assento em um ônibus em Montgomery, Alabama, Ida se recusou a sair do assento no vagão feminino de um trem em Memphis, Tennessee. Ela havia comprado uma passagem de primeira classe, mas foi convidada a se retirar e se juntar ao carro afro-americano.

Ida não saiu em silêncio.

Entrou com uma ação contra a ferrovia e acabou ganhando o caso. Não havia nenhuma regra que dissesse que as mulheres negras não podiam andar no carro das "mulheres". No entanto, a legislação de segregação logo foi implementada no Tennessee, e a justiça não foi cumprida para Ida. Três anos depois, o caso foi anulado. Ela usou as frustrações para escrever um artigo no jornal sob o nome de Iola, e mais tarde ficou conhecida como Iola, Princesa da Imprensa.

O jornalismo se tornou sua válvula de escape. Era proprietária e editora do *Memphis Free Speech and Headlight* [Liberdade de expressão e farol de Memphis, em tradução livre] e mais tarde do *Free Speech*. Assumiu uma importante posição contra o linchamento e enfrentou ameaças de morte por suas palavras. Em 1898, liderou uma enorme campanha antilinchamento até a Casa Branca. Ida conhecia o poder das palavras e do conhecimento e continuou a usar a voz para defender o que era certo.

Memphis Free Speech and Headlight

"Ida, Princesa da Imprensa"

"A maneira de corrigir os erros é transformar a luz da verdade sobre eles."

PAREM OS LINCHAMENTOS JÁ!

LINCHAMENTOS NÃO!

PAREM AGORA!

NÃO AO LINCHAMENTO!

Zora Neale Hurston
1891 – 1960

ESCRITORA, FOLCLORISTA E ANTROPÓLOGA

A educação única que Zora recebeu a guiou por um caminho de narrativa e criatividade. Ela nasceu e cresceu em Eatonville, uma cidade histórica no Norte da Flórida. Eatonville era especial porque, em 1886, tornou-se a primeira cidade totalmente negra e autogovernada da América. Era um ambiente bucólico e acolhedor que promovia um extremo sentimento de orgulho pela sua cultura e tradições.

Quando jovem, Zora trabalhou em diversos empregos e economizou dinheiro suficiente para se matricular na Universidade Howard em 1918. Uma vez lá, publicou sua primeira história. Em 1925, ganhou prêmios por sua escrita e chamou a atenção de proeminentes autores negros que moravam no Harlem. Naquele ano, Zora se mudou para Nova York e continuou a graduação como a primeira aluna negra no Barnard College, só para mulheres. Trabalhou ao lado de artistas famosos, incluindo Langston Hughes, Countee Cullen e Alain Locke, que estavam envolvidos no movimento artístico negro conhecido como Renascimento do Harlem. Eles eram chamados de "os Novos Negros". Zora foi celebrada como uma escritora que personificou o movimento, e recebeu o apelido de Rainha do Renascimento. Ela reconheceu a necessidade de registrar histórias afro-americanas muito antes que os outros percebessem o quanto seriam importantes. Entre os seus livros mais famosos, está a obra-prima *Seus olhos viam Deus*, um romance inspirado em seu passado em Eatonville. Em *Mules and Men* [Mulas e homens, em tradução livre], uma coleção de histórias do Norte da Flórida, ela registrou os contos que construíram a rica cultura afro-americana do Sul. *Tell My Horse* [Diga ao meu cavalo, em tradução livre] foi o resultado de anos de pesquisa e estudo de folclore e religião na Jamaica e no Haiti. Após o falecimento de Zora, a famosa escritora Alice Walker a chamou de "Gênio do Sul".

A Rainha
do
Renascimento

Harlem

Eatonville

Alma Woodsey Thomas
1891 – 1978

PROFESSORA E PINTORA

Nascida em Columbus, Geórgia, Alma cresceu em uma casa cercada de paisagens exuberantes e belas plantas. Durante a juventude, mostrou-se promissora na arquitetura, mas era verdadeiramente apaixonada pela arte. Dizia que, quando entrou em sua primeira aula de arte no ensino médio, foi como entrar no céu.

Ela gostava de trabalhar com crianças e seguiu carreira como professora de jardim de infância. Ensinou artes e artesanato por vários anos antes de frequentar a Universidade Howard. Foi a primeira aluna do novo departamento de arte, cujo fundador a encorajou a pintar em tempo integral. Após a formatura, porém, decidiu retornar ao seu primeiro amor — a educação. Dedicou a vida às crianças, ensinando na Shaw Junior High School por 35 anos. Alma continuou pintando e fez mestrado em Educação Artística na Universidade Columbia, em Nova York, durante os verões. Ela é mais frequentemente associada ao grupo de artistas pertencentes ao movimento Color Field — pintores que trabalhavam apenas com grandes formas, ou "campos", de cor para se expressar.

Quando se aposentou do ensino em 1960, Alma concentrou-se na pintura em tempo integral. Ela fez uma grande exposição de arte na Universidade Howard, para a qual criou algo totalmente diferente de tudo o que fizera antes. Inspirada pela natureza, criou pinturas com pequenos retângulos brilhantes e formas repetidas, que se tornaram sua marca registrada.

Em 1972, aos oitenta anos, Alma teve suas pinturas exibidas no Whitney Museum of American Art. Essa foi a primeira exposição individual de uma artista afro-americana em um dos museus de arte mais importantes da América. Alma é realmente uma inspiração a dedicar-se àquilo que você ama e ter paciência de deixá-lo evoluir.

"Cor é Vida."

Alice Ball
1892–1916

FARMACÊUTICA E PESQUISADORA DE MEDICINA

Tanto a mãe quanto o avô de Alice eram fotógrafos e, quando criança, ela desenvolveu interesse pelos produtos químicos usados na fotografia. Ela foi para a faculdade em sua cidade natal de Seattle e obteve não um, mas dois diplomas, em Química Farmacêutica e Farmácia. Que realização para uma jovem! Na época, a maior parte da população afro-americana da cidade estava empregada na área de prestação de serviços — limpando casas ou cozinhando, por exemplo. Porém, Alice desafiou as expectativas e as circunstâncias ao buscar uma educação e uma carreira na ciência.

Em 1915, Alice se tornou a primeira mulher e a primeira afro-americana a se formar no mestrado na Universidade do Havaí. Enquanto trabalhava na dissertação, ela desenvolveu o que se tornaria o principal tratamento para a hanseníase, uma doença grave e incurável. Encontrou uma maneira de o óleo da semente da árvore chaulmoogra ser absorvido na corrente sanguínea. Esse tratamento se tornou o principal método que seria usado até a década de 1940, mas durante muito tempo ninguém soube que fora Alice quem o tinha inventado. Ela morreu menos de dois anos após a descoberta, e o diretor do programa levou o crédito pelo trabalho dela. O método de Alice ficou conhecido como Método Dean.

Apenas na década de 1970 os historiadores descobriram a verdade e trabalharam para garantir que Alice recebesse crédito por sua importante descoberta. Em 29 de fevereiro de 2000, a Universidade do Havaí a reconheceu pelo trabalho e dedicou uma placa a ela na única árvore chaulmoogra do campus. Naquele dia, o vice-governador do Havaí declarou 29 de fevereiro o Dia de Alice Ball.

HYDNOCARPUS

WIGHTIANUS

CHAULMOOGRA

ALICE BALL

Bessie Coleman
1892 – 1926

PILOTO

Bessie cresceu em uma cidade pequena e segregada no Texas. Em casa, com três irmãos mais novos por perto, ela tinha muitas responsabilidades — lavar roupas à mão, buscar água potável —, além de, todos os dias, caminhar seis quilômetros para ir e voltar da escola. Bessie sabia que um dia deixaria sua pequena cidade. Em 1915, ela se mudou para Chicago para morar com seus irmãos mais velhos. Retornando da Primeira Guerra Mundial, eles contaram a ela tudo sobre estar na França e sobre como as mulheres de lá podiam pilotar aviões — ao contrário das mulheres na América. Isso deixou Bessie curiosa... bastante curiosa.

Ela se inscreveu em todas as escolas de aviação dos Estados Unidos que conseguiu encontrar, mas foi impedida de entrar. Ninguém em nenhuma dessas escolas achava que uma garota podia voar — especialmente uma garota negra. Bessie queria provar que eles estavam errados. Em 1920, mudou-se para a França, onde por fim pôde aprender aviação. Ela era tão talentosa que se formou na escola de voo, que duraria dez meses, em apenas sete. Assim, em 1921, Bessie se tornou a primeira mulher afro-americana do mundo a receber a licença de piloto. Ela se especializou em acrobacias, paraquedismo e truques aéreos!

Após retornar aos Estados Unidos, Bessie voou para multidões. Ela era muito popular entre brancos e negros e lutou contra a discriminação sempre que pôde. Queria abrir sua própria escola de voo para ensinar outras garotas negras a voar. Infelizmente, durante um show em 1926, um problema mecânico fez com que o avião caísse. Bessie faleceu, mas seu legado continua vivo. Em 1977, o Clube de Aviadores Bessie Coleman abriu em Chicago para apoiar todas as mulheres a alcançarem o sonho de voar.

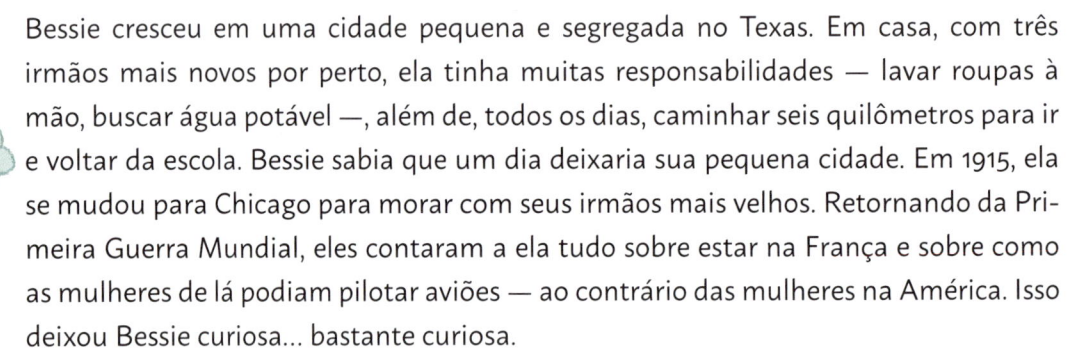

"Fiz a minha cabeça para tentar. Eu tentei e consegui."

Augusta Savage
1892–1962

EDUCADORA E ESCULTORA

Augusta cresceu em Green Cove Springs, Flórida, em uma família pobre com treze irmãos e irmãs. Na infância, ela não tinha brinquedos, mas adorava fazer coisas. Augusta passava o tempo no quintal, onde o solo era rico em argila vermelha natural. Foi ali que aprendeu a fazer animais em miniatura para si e para os outros. No entanto, o pai dela não aprovava essa criatividade. Mesmo que isso o irritasse, Augusta continuou a esculpir.

Em 1921, mudou-se para o Harlem, um bairro afro-americano bem conhecido em Nova York. Na época, a comunidade estava experimentando um crescimento nas artes conhecido como Renascimento do Harlem, e Augusta fazia parte disso. Ela prosperou artisticamente, mas isso não mudou as dificuldades do racismo que ainda prevaleciam nos Estados Unidos e em todo o mundo. Augusta lutou contra o preconceito racial no mundo da arte e foi rotulada de encrenqueira. Ela dizia que estava defendendo não apenas a si mesma, mas também os futuros alunos negros.

Augusta dedicou grande parte da vida a ensinar e encorajar os jovens a perseguirem sua paixão artística. Ela sentiu que as criações poderiam ser parte do seu legado. No Harlem, abriu sua própria escola — a Escola de Artes e Ofícios Savage — e se tornou a primeira diretora do Centro Comunitário de Arte do Harlem. Em 1939, criou seu trabalho mais icônico: uma grande peça encomendada pela Feira Mundial de Nova York intitulada *Lift Every Voice and Sing* [Erga cada voz e cante, em tradução livre], também conhecida como *The Harp* [A harpa, em tradução livre]. Apesar do sucesso artístico, Augusta lutou com problemas financeiros e racismo até o fim da vida, mas sempre encontrou uma maneira de continuar fazendo arte.

Marian Anderson
1897–1993

CANTORA DE ÓPERA

Com o apelido de Baby Contralto, Marian sempre teve futuro na ópera. Ela começou a cantar com o coral da igreja em sua cidade natal, Filadélfia, quando tinha apenas seis anos de idade. A congregação queria ajudar a cultivar o talento natural de Marian, então arrecadou fundos para que ela fizesse aulas de canto.

Na década de 1930, Marian se apresentava em grandes instituições famosas nos Estados Unidos e na Europa — muitas vezes como a primeira mulher ou afro-americana a fazê-lo. Em 1935, ela foi convidada à Casa Branca para cantar para o presidente Franklin Roosevelt e a primeira-dama Eleanor. Foi a primeira afro-americana a receber tal honra. Isso, no entanto, não impediu que a discriminação afetasse sua carreira.

Em 1939, Marian foi impedida de se apresentar no Constitution Hall em Washington, DC. Quando Eleanor Roosevelt descobriu, convidou Marian para cantar no Lincoln Memorial no domingo de Páscoa. Marian cantou na frente de uma multidão de 75 mil pessoas, com transmissão ao vivo via rádio para milhões de ouvintes em todos os Estados Unidos.

Marian permaneceu no centro das atenções nacionais durante muitos anos. Em 1955, tornou-se a primeira afro-americana a se apresentar no Metropolitan Opera de Nova York. Ela cantou o hino nacional na posse do presidente John F. Kennedy, que mais tarde concedeu-lhe a Medalha Presidencial da Liberdade. Ela também participou do Movimento dos Direitos Civis e cantou na Marcha em Washington por Empregos e Liberdade em 1963.

Marian foi pioneira e líder em sua área, com uma longa e respeitada carreira. Com sua voz, ela alcançou pessoas de todo o mundo superando a adversidade.

Josephine Baker
1906–1975

CANTORA E DANÇARINA

Josephine começou cedo no ramo do entretenimento. Quando criança em St. Louis, Missouri, ela fazia shows de música e dança com as crianças da vizinhança. Aos catorze anos, trabalhava como assistente de palco em teatros locais.

Na primeira vez que se apresentou no palco, ela causou problemas por sua dança selvagem e seu jeito alegre. Destacou-se da fila de dançarinas, e as outras artistas a acusaram de tentar roubar a cena. Mas esse era apenas o estilo de Josephine.

Foi na Europa que a carreira de Josephine decolou. A França tornou-se seu país adotivo e Paris, seu palco. Quando voltou para os Estados Unidos, o público americano não foi muito receptivo — uma mulher negra que parecia arrogante demais em sua própria pele. Josephine, por sua vez, ficou chocada com o preconceito e a discriminação que encontrou. A partir de então, negociou cláusulas de não discriminação nos contratos de suas apresentações e lutou por públicos integrados.

Sua bravura não terminou aí. Durante a Segunda Guerra Mundial, Josephine trabalhou para a Resistência Francesa, contrabandeando mensagens secretas em partituras e roupas íntimas. Após a guerra, ela recebeu duas das maiores honras militares da França.

Josephine construiu uma família grande e amorosa com filhos adotivos de todo o mundo. Ela os chamava de Tribo Arco-Íris. Em 1963, viajou de volta aos Estados Unidos para marchar com o dr. Martin Luther King Jr. na famosa Marcha para Washington. Foi a única mulher programada para falar naquele dia.

Josephine nunca foi de andar na linha. Ela sempre se destacou e fez o seu próprio caminho. Era uma mulher corajosa e muito mais do que apenas uma artista.

Mahalia Jackson
1911 – 1972

CANTORA GOSPEL

Nascida e criada em Nova Orleans, Louisiana, Mahalia sempre esteve cercada pelos sons do blues e do Mardi Gras. Quando criança, cantava músicas de jazz de Bessie Smith em seu quarto à noite. Mas Little Halie, como era chamada, vinha de uma família religiosa, e o único gênero musical aceitável para eles era o gospel. Ela estreou como cantora no coral da Igreja Batista Mount Moriah e surpreendeu a todos com sua voz grandiosa.

Com o passar do tempo, sentiu o desejo de cantar música não religiosa, mas havia feito uma promessa para si mesma e para sua família de cantar apenas gospel, e manteve a palavra por toda a vida. Ela recusou grandes shows em boates e viveu com pouco dinheiro. Mas, em 1946, gravou um single, "Move On Up a Little Higher", que vendeu mais de 2 milhões de cópias. Mahalia ganhou seguidores nos Estados Unidos e viajou para apresentações. Seus shows atraíram grandes multidões, negras e brancas. A segregação, no entanto, ainda era a lei local, e Mahalia lutou contra ela durante e após suas apresentações. Quando estava na estrada, Mahalia mantinha comida no carro, só para não ser forçada a comer na seção segregada de um restaurante.

A pedido do dr. Martin Luther King Jr., Mahalia participou do boicote aos ônibus de Montgomery e em 1963 apresentou-se na Marcha para Washington por Emprego e Liberdade, na qual o reverendo fez seu famoso discurso "Eu tenho um sonho". Ela estava atrás dele e, quando ele começou a sair do roteiro, ela o encorajou. "Conte a eles, Martin, conte a eles sobre o sonho!" Essa parte mais famosa do discurso não havia sido planejada, mas Mahalia sabia o quão poderosas as palavras dele eram e como seria importante compartilhá-las.

A
rainha
gospel

Rosa Parks
1913-2005

ATIVISTA E ESCRITORA

Enquanto crescia em Montgomery, Alabama, Rosa detestava as regras de segregação: ter que beber de diferentes bebedouros ou ser barrada em restaurantes só para brancos. E no Sul, as regras para andar de ônibus eram particularmente duras: um negro tinha que entrar pela porta da frente, pagar a passagem, sair do ônibus e depois entrar novamente pela porta dos fundos. Cada ônibus tinha três seções: uma seção apenas para brancos na frente, na parte de trás e uma extra no meio. Se o meio estivesse vazio, um negro poderia sentar-se lá, mas, se uma pessoa branca quisesse se sentar ali, todas as pessoas negras teriam que se levantar e ficar na parte de trás do ônibus.

Em dezembro de 1955, depois de um longo turno de trabalho, Rosa esperou um ônibus com assentos vazios e enfim conseguiu um com um assento livre na seção do meio. Mas em pouco tempo, a seção branca ficou cheia e Rosa e outros negros foram convidados a mudarem de assento. Foi a gota d'água para Rosa. Ela se recusou a abrir mão do assento. O motorista do ônibus apresentou queixa; Rosa foi presa e encarcerada. Ela usou o telefonema a que tinha direito para contatar seus amigos da Associação Nacional para o Avanço das Pessoas de Cor (NAACP). Rosa não foi a primeira a lutar contra essas leis, e nem foi sua primeira vez (ela já havia sido presa por desafiar as regras dos ônibus). Mas seu protesto provocou uma reação que chamou a atenção de todo o país. O dr. Martin Luther King Jr. pediu um boicote a todos os transportes em Montgomery —, um evento-chave do Movimento dos Direitos Civis que desencadeou uma série de protestos. O boicote foi bem-sucedido: em 1956, o sistema de ônibus foi integrado! Mas ainda havia um longo caminho a ser percorrido na luta pelos direitos civis, então Rosa continuou a trabalhar com a NAACP e o Movimento Black Power ao longo da vida.

Gwendolyn Brooks
1917–2000

ESCRITORA E POETISA

Gwendolyn sempre teve um verdadeiro amor pela língua inglesa. Ela publicou seu primeiro poema aos treze anos e, aos dezesseis, teve a chance de conhecer os famosos escritores negros James Weldon Johnson e Langston Hughes, que a incentivaram a escrever. Johnson tornou-se um mentor para ela e a incentivou a ler outros poetas, como T. S. Eliot e Ezra Pound. Gwendolyn fez seu nome como uma escritora que se concentrava na experiência negra e destacava a vida de pessoas negras comuns.

Em 1943, ela publicou sua primeira coleção de poemas sobre a vida negra, intitulada *A Street in Bronzeville* [Uma rua em Bronzeville, em tradução livre], que lhe rendeu elogios significativos da crítica. Em 1949, ela escreveu outra coletânea de poemas, sobre o amadurecimento de uma jovem negra chamada Annie Allen. Em 1950, recebeu o Prêmio Pulitzer, a mais ilustre honraria literária do país. Isso fez de Gwendolyn a primeira mulher afro-americana a ganhar o prêmio. Ela adorava a magia que diferentes técnicas de escrita podiam produzir, então empregou todas as habilidades técnicas que tinha. Criou uma obra única de escrita com jogos de palavras complexos e estrutura criativa. Ela se concentrou em pequenos problemas cotidianos para iluminar questões e temas maiores, como o papel da mulher na sociedade.

Na década de 1960, Gwendolyn foi amplamente influenciada por um grupo de jovens escritores que tinham um forte desejo de escrever poemas para negros, por negros e sobre negros. Isso afetou seu estilo, que logo se tornou mais esparso e menos técnico. A escrita de Gwendolyn sempre foi um reflexo dos tempos e do mundo ao seu redor e, mais importante, um reflexo da experiência afro-americana.

Ella Fitzgerald
1917 – 1996

CANTORA DE JAZZ

Quando jovem na Virgínia, Ella ansiava por independência e sonhava em um dia se tornar uma artista. Quando adolescente, vivia nas ruas e cantava por alguns centavos. Mas, em 1934, aos dezessete anos, teve sua grande chance ao entrar no concurso noturno amador no Apollo Theatre, no Harlem. A princípio, inscreveu-se como dançarina, mas decidiu cantar quando viu com quem iria competir: as outras competidoras usavam vestidos brilhantes combinando, enquanto Ella estava com roupas esfarrapadas. Porém, impressionou o público com sua voz única e ganhou o prêmio de primeiro lugar de 25 dólares (no valor de cerca de quinhentos dólares hoje), literalmente passando de trapos a riquezas.

No ano seguinte, Ella conseguiu um papel como vocalista do Chick Webb and His Orchestra, uma banda popular que tocava com regularidade em uma das casas noturnas mais badaladas do Harlem: o Savoy. Ao mesmo tempo, construía uma carreira solo. Em 1938, gravou seu primeiro álbum e seu primeiro single de sucesso, "A-Tisket A-Tasket". A partir daí, a carreira de Ella deslanchou. Na década de 1950, desenvolveu seu famoso estilo instrumental de cantar chamado *scat*. Ela colaborou com grandes nomes de toda a indústria da música, incluindo Duke Ellington, Louis Armstrong, Count Basie e Frank Sinatra. Em 1958, fez história quando se tornou a primeira mulher afro-americana a ganhar um Grammy.

Ao longo de sua longa e bem-sucedida carreira, gravou mais de duzentos álbuns e cerca de 2 mil músicas. Ella entrou para a história como uma das vozes mais icônicas de todos os tempos. Era carinhosamente conhecida como a Primeira-Dama do Jazz e a Primeira-Dama da Canção.

PSICÓLOGA SOCIAL E CONSELHEIRA

Apesar de ter crescido durante a Grande Depressão e viver no Sul segregado, Mamie teve uma infância feliz, confortada pela família e pela escola. Ela se formou aos dezesseis anos e ganhou uma bolsa de estudos na Universidade Howard. Embora tenha cursado Matemática e se especializado em Física, acabou mudando para Psicologia, a mesma especialização de Kenneth Clark, seu futuro marido e parceiro de pesquisa.

Mamie nunca sonhou que a segregação pudesse ser desafiada, mas no verão de 1938, trabalhou para o ativista dos direitos civis e advogado da NAACP Charles Houston. Viu advogados famosos se preparando para enfrentar o monstro que era a segregação e percebeu que, com os esforços conjuntos de pessoas determinadas, eles poderiam fazer uma mudança real. O trabalho que Mamie fez na faculdade foi o início de uma pesquisa inovadora, que mostrou uma preferência esmagadora por bonecas brancas em crianças negras de três a sete anos. As crianças, metade das quais frequentava escolas segregadas, receberam quatro bonecas — duas negras com cabelos pretos e duas brancas com cabelos loiros — e instruções como: "Me dê a boneca que é legal", "Me dê a boneca que parece ruim" e "Me dê a boneca que se parece com você". Mamie e Kenneth concluíram que os alunos de escolas segregadas desenvolveram um sentimento de inferioridade e autodesprezo, e que a integração foi útil tanto para crianças negras quanto para brancas a fim de se alcançar uma autoidentificação racial saudável e melhorar as relações raciais. Isso se tornou evidência-chave no caso histórico da Suprema Corte, Brown *vs*. Conselho de Educação, que, em 1954, declarou a segregação racial inconstitucional nas escolas públicas.

A pesquisa de Mamie alterou o curso da história para todas as crianças dos Estados Unidos! Ela seguiu sua paixão, e isso a levou a fazer a diferença no mundo.

Katherine Johnson
1918–2020

MATEMÁTICA DA NASA

A julgar pela maneira como Katherine aprendeu matemática, você pensaria que era sua primeira língua. Quando criança, ela contava tudo. Pulou sete anos escolares e se formou à frente de seus irmãos mais velhos. Quando jovem, tornou-se professora de Matemática, mas o mentor dela na Universidade de West Virginia a encorajou a seguir a carreira de pesquisadora. Em 1953, Katherine teve sua chance. O Centro de Pesquisa Langley da NASA, em Hampton, Virgínia, havia aberto um laboratório que contratava matemáticos afro-americanos. Em uma época anterior à existência de calculadoras digitais, telefones celulares ou computadores, as mulheres e os homens que realizavam cálculos eram chamados de "computadores".

A primeira missão de Katherine foi para a divisão de pesquisa de voo. Os Estados Unidos estavam no meio da corrida espacial, um período nas décadas de 1950 e 1960 em que o país e a Rússia competiam pelo avanço tecnológico em voos espaciais. O objetivo principal: levar um homem à Lua. Katherine foi uma das pessoas que ajudaram a fazer isso acontecer. O trabalho dela era calcular a trajetória de voo para a primeira missão no espaço. Imagine: a Terra está girando, a Lua está girando e um foguete tem que seguir uma trajetória muito específica para atingir o alvo em movimento.

Mesmo quando computadores foram introduzidos, Katherine ainda era crucial. Ela continuou na NASA até sua aposentadoria em 1986, e seu trabalho influenciou todos os principais programas espaciais. Durante a missão Friendship 7 em 1962, John Glenn, o primeiro americano a orbitar a Terra, recusou-se a lançar sem a confirmação de que a própria Katherine havia revisado a matemática. Em 2015, o presidente Barack Obama concedeu a ela a Medalha Presidencial da Liberdade, a mais alta honraria civil dos EUA.

Shirley Chisholm
1924–2005

PROFESSORA, POLÍTICA E ATIVISTA

Shirley nasceu no Brooklyn, Nova York, mas passou sete anos da infância em Barbados, com a avó. Quando voltou aos Estados Unidos, chegou com um novo sotaque e um novo senso de ousadia que outros mais tarde descreveram como exclusivamente caribenho. Na faculdade, ela se envolveu na política e em organizações estudantis. Tinha opiniões fortes e uma determinação ardente que fazia as pessoas pararem e ouvirem.

Shirley trabalhou como professora no Brooklyn e fez seu nome como líder e defensora no bairro. Foi voluntária e consultou organizações que ajudaram a comunidade, incluindo o Secretaria de Bem-Estar Infantil, a Casa do Brooklyn para Idosos Negros e a NAACP local. Também atuou em organizações políticas locais, como o Workshop de Mulheres Democráticas, a Liga das Mulheres Eleitoras e a Liga Política de Bedford--Stuyvesant. Ela defendeu a igualdade racial e o bem-estar e confrontou os políticos locais. A franqueza a tornou muito atraente para a comunidade — e muito intimidadora para os políticos no poder.

Em 1964, ganhou uma cadeira na Assembleia do Estado de Nova York e, em 1968, tornou-se a primeira mulher negra eleita para o Congresso dos Estados Unidos. Shirley causou problemas ao transpor as linhas do partido e enfrentar os antigos líderes dele. Era uma pensadora independente e nunca foi de ficar quieta. Em 1972, anunciou sua candidatura à presidência, fazendo história como a primeira mulher e primeira pessoa negra a concorrer à indicação de um grande partido. Acabou perdendo, mas alcançou o objetivo de tornar seu partido mais consciente e receptivo às pessoas.

"Sou candidata do povo".

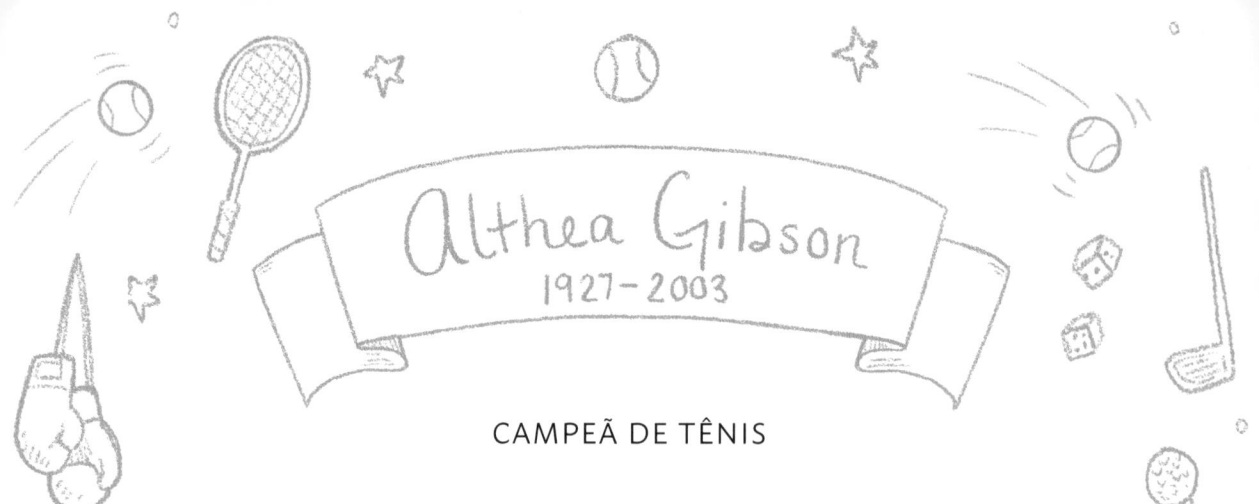

Althea Gibson
1927–2003

CAMPEÃ DE TÊNIS

Autodenominada "rebelde das ruas", Althea era uma criança cheia de energia. Crescendo nas ruas do Harlem, ela preferia jogar sinuca, boxe e boliche, basquete ou taco em vez de fazer o dever de casa. Lutou contra as regras, mas tudo mudou quando encontrou o tênis aos catorze anos. Os membros do Harlem Cosmopolitan Club notaram seu talento e a colocaram sob suas asas, ensinando-lhe o jogo e o respeito pelas regras.

Uma vez que Althea se comprometeu, tornou-se uma força a ser reconhecida! Aos quinze, ganhou seu primeiro Campeonato Nacional Júnior da Associação Americana de Tênis. A maioria dos esportes era segregada na época, então, quando Althea se tornou a primeira atleta negra a entrar em uma competição nacional dos Estados Unidos, foi um evento marcante. Tornou-se, também, a primeira tenista negra a competir no Campeonato Nacional dos EUA em 1950 e, depois, a primeira jogadora negra em Wimbledon em 1951. Sua vitória em 1956 no Aberto da França fez dela a primeira afro-americana a vencer um Grand Slam. Suas vitórias abriram caminho para tenistas negros, incluindo Venus e Serena Williams. Apesar das barreiras que ela quebrou aos olhos do público, a segregação ainda a impedia de entrar pela porta da frente, comer com os outros jogadores e usar os vestiários.

Em 1958, Althea se aposentou do tênis. Naquela época, era difícil ganhar a vida praticando esportes. Mesmo sendo considerada uma das melhores atletas do mundo, ela teve que retornar ao mundo real e encontrar um trabalho. Porém, não deixou de ser rebelde — mais tarde, começou a jogar golfe e se tornou a primeira mulher negra a competir em uma turnê profissional.

Maya Angelou
1928–2014

POETISA E ATIVISTA

Maya era conhecida como escritora e poetisa, mas era muito mais. Em sua longa vida, ela assumiria muitos papéis: cineasta, dançarina, cantora, atriz, ativista, editora, vencedora do Grammy, operadora de teleférico, dramaturga, vencedora do Prêmio Pulitzer e lenda.

Muito antes de todos os sucessos, era apenas uma garotinha tentando encontrar a sua voz. Nascida Marguerite Annie Johnson, ela passou grande parte da infância morando com a avó na pequena cidade segregada de Stamps, Arkansas. Seu único companheiro era o irmão mais velho, que lhe deu o apelido de Maya.

Maya sofreu abuso quando tinha apenas sete anos. O medo e o trauma que deixou para trás foram suficientes para convencê-la a não mais falar. Durante cinco anos, Maya nunca disse uma palavra a ninguém. Mas, durante esse tempo, ela leu. Devorou todos os livros da biblioteca da escola negra e todos os livros que conseguiu encontrar na biblioteca da escola branca. Foi só quando um mentor de infância a desafiou, dizendo "Você não ama poesia de verdade a não ser que a proclame", que Maya voltou a falar.

Era uma mestre em palavras que abordava a linguagem com consideração e paciência. Outro desafio desencadeou sua carreira de escritora. Quando o editor lhe disse "É quase impossível escrever uma autobiografia lírica", Maya passou a escrever sua obra-prima vencedora do Prêmio Pulitzer, *Eu sei por que o pássaro canta na gaiola*, uma narrativa lírica e poética de sua infância.

Em 1992, ela se tornou a primeira poetisa a escrever e recitar um poema para a posse presidencial, o que tornou sua poesia popular novamente. Maya Angelou fez muito em sua vida e inspirou todos ao seu redor.

Nichelle Nichols
1932 –

ATRIZ E CANTORA

Em sua juventude, Nichelle era uma talentosa dançarina, atriz e cantora. Ela trabalhou em seu primeiro papel profissional como atriz quando tinha apenas catorze anos e teve uma carreira de sucesso no palco por vários anos. Em 1966, Nichelle conseguiu o papel que a faria deixar sua marca no mundo. Foi escalada para a nova série de ficção científica *Star Trek*, como a oficial de comunicações Tenente Uhura, tornando-se a primeira mulher negra na história a ter um papel principal em um programa de televisão no horário nobre. Uhura era inteligente, corajosa, digna e tratada com respeito. Foi realmente um papel inovador, considerando que, naqueles dias, as pessoas negras costumavam ser escolhidas para escalar papéis de servas ou empregadas.

Em 1968, no auge do Movimento dos Direitos Civis, Nichelle e um de seus colegas de elenco branco fizeram história quando seus personagens compartilharam o primeiro beijo inter-racial na tela. Muitos americanos ficaram irritados com a exibição da integração em um programa de televisão nacional, e o estúdio recebeu cartas de reclamação. Os produtores responderam cortando as falas de Nichelle, tornando suas cenas mais curtas e relegando-a ao segundo plano. Ela considerou voltar a atuar no palco, mas um encontro casual com o dr. Martin Luther King Jr. a fez mudar de ideia. Dr. King, um autoproclamado Trekkie, pediu a Nichelle que continuasse no programa porque a representatividade era muito importante. Ela era um símbolo de esperança e uma fonte de inspiração para pessoas negras em todo o país. Isso se provaria correto: a dra. Mae Jemison citou Nichelle como sua inspiração para se candidatar à NASA, e ela se tornou a primeira mulher afro-americana no espaço! Depois de *Star Trek*, Nichelle tornou-se uma recrutadora da NASA, fazendo divulgação para jovens negros.

Nina Simone
1933 – 2003

PIANISTA, CANTORA E ATIVISTA

Nina, nascida Eunice Waymon, cresceu em uma casa onde a música estava por toda parte. Uma prodígio apaixonada por Bach, Brahms e Beethoven, ela sonhava em se tornar a primeira pianista de concertos negra.

O ativismo, no entanto, era tão parte dela quanto a música. Aos onze anos, quando os pais de Eunice foram retirados da primeira fila de um de seus recitais para dar lugar a um casal branco, ela se levantou e se recusou a tocar até que a injustiça fosse corrigida. O acontecimento a deixou endurecida e desconfiada, mas demonstrou o poder do ativismo por meio da música.

Quando jovem, problemas financeiros e discriminação atrapalharam seus estudos, então Eunice começou a dar aulas de piano. Ela logo descobriu que poderia ganhar o dobro do dinheiro se apresentando em boates em Atlantic City. Quando os donos de boates a informaram que tocar piano não era suficiente, ela teve que se tornar cantora. Assumindo o nome artístico de Nina Simone, começou a cantar. Havia alguma maneira de saber que a voz dela se tornaria uma das mais icônicas da história da música?

No palco, seu gênio musical realmente se mostrava. Ela combinava diferentes gêneros e estilos, rejeitando rótulos e desafiando a categorização. Misturava jazz, música folclórica e blues, e sempre teve uma queda pelo piano clássico. Nina usou sua música para defender a justiça social, escrevendo canções em resposta ao assassinato do líder dos direitos civis Medgar Evers e ao atentado à bomba na igreja de Birmingham. Ela se tornou uma voz de liderança no Movimento dos Direitos Civis, enquanto suas músicas serviam como trilha sonora.

Audre Lorde
1934–1992

POETISA, ENSAÍSTA E ATIVISTA

Desde a infância, Audre adorava ler e escrever. Ela escreveu seu primeiro poema aos oito anos e, antes de concluir o ensino médio, seu trabalho foi publicado na revista *Seventeen*. Após a formatura, Audre fez uma viagem ao México que achou reveladora. Lá, ela viu um lugar onde sua raça não era algo a se envergonhar. Isso a fez perceber que tinha deixado aquela vergonha mantê-la em silêncio. Ao aprender como sua voz era importante, começou a usá-la.

Ela voltou para os Estados Unidos com uma confiança recém-descoberta e foi para a faculdade para cursar Biblioteconomia. Após se formar, Audre trabalhou como bibliotecária, mas não ficou quieta. A voz era seu novo instrumento, e ela a usava para falar cada vez mais alto. O Movimento dos Direitos Civis estava ganhando força, e ela era um membro ativo. Logo se transformou em uma líder proeminente e vocal, ativista e feminista. Ela trabalhou ao lado de outros escritores famosos, como Nikki Giovanni e Amiri Baraka. Entre suas obras famosas está o livro de poesia *From a Land Where Other People Live* [De uma terra onde outras pessoas vivem, em tradução livre].

Aos 44 anos, Audre foi diagnosticada com câncer de mama. Em vez de receber a notícia em silêncio, ela começou a falar abertamente sobre isso. Escreveu *The Cancer Journals* [Os diários do câncer, em tradução livre], documentando suas experiências. Isso abriu uma conversa sobre doenças de mulheres das quais pouco se falava. Quando tinha cinquenta anos, o câncer se espalhou para o fígado. Ela escreveu sobre encontrar um novo tratamento, expôs e criticou as instituições médicas e suas práticas insensíveis e os compartilhou com outras pessoas. Audre é lembrada como uma líder sincera e uma defensora feroz daqueles que não têm voz.

Raven Wilkinson
1935 – 2018

BAILARINA

O amor de Raven pela dança começou aos cinco anos, quando a mãe a levou para uma apresentação do Ballet Russe de Monte Carlo. Quinze anos depois, ela fez história ao se tornar a primeira dançarina afro-americana em tempo integral da companhia. Não foi uma jornada fácil. A vida de bailarina nunca é fácil, mas Raven também enfrentou preconceito e discriminação por causa da sua raça.

O Ballet Russe percorria o Sul segregado e era arriscado ter um elenco integrado. Amigos avisaram que nunca a levariam porque ela era negra. Mas o seu talento era inegável e, em 1955, Raven foi aceita em caráter experimental. Ela tinha a pele relativamente clara, então foi encorajada a usar maquiagem branca. Manteve sua raça em segredo mas, quando perguntada, não mentia.

Apesar de ter tido dois anos de sucesso com o Ballet Russe, o racismo colocou limitações em sua carreira. Exausta e com o coração partido, deixou a dança por um tempo. Em 1967, foi convidada a integrar o Dutch National Ballet e mudou-se para a Holanda por seis anos. Como estava se aproximando dos quarenta anos, ela acreditava que a carreira de dançarina havia acabado, por isso se aposentou e voltou para os Estados Unidos. Quase imediatamente, recebeu um telefonema do balé da Ópera de Nova York e foi convidada a dançar com eles no Lincoln Center. Raven dançou até os cinquenta e continuou na Ópera até 2011.

Cada passo do caminho era um desafio, mas Raven persistiu. Sua força e graça abriram caminho para bailarinas, como Misty Copeland, assumirem a posição principal no American Ballet Theatre e desafiarem os padrões de beleza e corpo de bailarinas de longa data.

VELOCISTA

Wilma é uma das velocistas mais famosas da América, mas sua jornada até a linha de chegada foi longa. Aos quatro anos, Wilma contraiu poliomielite, que não tinha cura na época. A doença paralisou a perna esquerda e ela foi forçada a usar uma cinta de metal.

Wilma era diferente e foi muito provocada. Destacava-se por seu porte pequeno e cabelos cor de areia, mas também era forte. Com muito trabalho duro, determinação e fisioterapia, aos doze anos já andava sem a cinta. Um ano depois, estava correndo mais rápido do que todos os meninos e meninas de sua turma.

No ensino médio, juntou-se ao atletismo e ganhava todas as competições! Quando tinha apenas dezesseis anos, ela ganhou sua primeira medalha olímpica nos jogos de 1956 em Melbourne, Austrália. Até poucos anos antes, Wilma nunca havia ouvido falar dos Jogos Olímpicos, mas estava determinada a ganhar o ouro.

Em Roma, em 1960, tornou-se a primeira mulher americana a ganhar três medalhas de ouro em uma única Olimpíada. Quando voltou para casa em Clarksville, Tennessee, houve um desfile em sua homenagem, mas Wilma descobriu que os organizadores planejaram que o evento fosse segregado e se recusou a participar até que concordassem em unificá-lo. Como um ícone americano, Wilma sabia que seu posicionamento sobre os direitos civis causaria impacto. Ela não deixou o fato de ser jovem a impedir. Como é incrível a diferença que uma voz corajosa pode fazer!

Mais tarde, Wilma tornou-se professora e treinadora. Em 1981, ela criou a Fundação Wilma Rudolph para apoiar jovens atletas.

Marcelite Harris
1943–2018

COMANDANTE DA FORÇA AÉREA

Ninguém jamais imaginaria que Marcelite se tornaria uma das generais militares mais condecoradas da força aérea — nem mesmo ela. Depois de se formar no Spelman College com licenciatura em Oratória e Teatro, Marcelite voltou seus olhos para a Broadway, mas logo viu uma oportunidade na força aérea: era um emprego estável e uma chance de ver o mundo.

Era especialista na manutenção de aeronaves, embora tivesse que convencer seus colegas homens de que tinha um interesse real em hidráulica e aerodinâmica. Em 1971, Marcelite tornou-se a primeira mulher a ser oficial de manutenção de aeronaves. Na década seguinte, as tarefas a levaram da Tailândia à Califórnia, do Colorado ao Japão, enquanto supervisionava esquadrões em várias bases da força aérea. Desde o transporte aéreo de alimentos até a proteção da zona de exclusão aérea, a manutenção dos equipamentos das aeronaves é uma tarefa extremamente crucial, e Marcelite supervisionava tudo isso. Apesar dos horários de trabalho complicados, ela conseguiu se matricular em mais cursos sobre aeronaves, obter um diploma de bacharel em Administração e criar três filhos.

Em 1995, foi promovida a major-general e tornou-se a mulher com a patente mais alta da Força Aérea e a mulher negra de mais alto escalão em todo o Departamento de Defesa. Ela assumiu um cargo no Pentágono como diretora de manutenção, o que a tornou responsável por todas as armas e aeronaves usadas na força aérea. Sua carreira durou mais de trinta anos, e Marcelite foi reconhecida com inúmeros prêmios e condecorações. Ela conseguiu muitas conquistas e assumiu o compromisso particular de estabelecer oportunidades para todas as mulheres nas forças armadas.

Angela Davis
1944 –

ATIVISTA E PROFESSORA

Angela cresceu em meio à segregação racial em Birmingham, Alabama, cidade que esteve no centro da luta pelos direitos civis. Na adolescência, Angela já estava ativamente envolvida no movimento. Ela organizou grupos de estudos inter-raciais, que foram desmantelados pela polícia. Este foi apenas o começo de sua paixão pelo ativismo e pela academia.

Na faculdade, ela se formou em filosofia e foi aluna do famoso pensador alemão Herbert Marcuse. Ela diz que aprendeu com ele que poderia ser acadêmica e intelectual, além de ativista e revolucionária.

Angela manifestava sua opinião e era uma voz proeminente da contracultura. Ela se afiliou ao Partido dos Panteras Negras, além de tornar-se membro e, posteriormente, vice-presidente do Partido Comunista dos Estados Unidos. Ambos os grupos eram considerados perigosos por conta da oposição ao governo e, por isso, ela foi colocada na lista de procurados do FBI. Algumas de suas principais paixões eram lutar pela reforma prisional e contra a brutalidade policial. Foi rotulada como encrenqueira por lutar contra o sistema. Ao ser demitida do emprego de professora na Universidade da Califórnia em Los Angeles (UCLA), reagiu com uma ação judicial. Foi presa por acusações de conspiração, sendo absolvida dezesseis meses depois. Angela Davis é amplamente considerada um símbolo de luta contra os sistemas de opressão. Durante todo esse tempo, ela manteve sua devoção ao ensino e permaneceu como professora de Filosofia até os setenta anos.

"Não aceito mais
as coisas
que não posso mudar
Estou mudando
as coisas
que não posso aceitar."

Octavia E. Butler
1947–2006

ESCRITORA

Apesar de lutar contra a dislexia, Octavia começou a escrever aos dez anos de idade. Um dia, ao assistir a um filme de ficção científica ruim na televisão, inspirou-se a escrever algo melhor. Essa foi sua primeira tentativa de escrever um gênero que se tornaria sinônimo de seu nome. Ela continuou a escrever contos durante a faculdade e participou do renomado Clarion Workshop, um workshop para escritores de ficção científica e fantasia da Pensilvânia.

Em 1976, publicou seu primeiro romance, *Semente originária*. Houve repercussão: nunca se tinha visto um romance de ficção científica com personagens femininas negras antes. No entanto, o grande momento de Octavia veio em 1979, quando ela publicou *Kindred: laços de sangue*. Inspirado nas experiências de sua mãe como empregada, conta a história de uma mulher negra que viaja de volta aos tempos da escravidão. Ela queria escrever um enredo "que fizesse os outros sentirem a história: a dor e o medo que os negros tiveram que suportar para sobreviver". Os editores de Octavia tiveram dificuldade em categorizar seus livros, especialmente *Kindred: laços de sangue*. Era fantasia, história, ficção científica ou ficção? E eles não tinham certeza sobre o público-alvo: as mulheres negras liam ficção científica? Octavia e seus livros provaram que sim! Octavia criou um espaço para meninas negras gostarem de ficção científica — historicamente associado a escritores e leitores homens e brancos. Ela queria mudar a percepção da indústria e mostrar que a ficção científica poderia ser para qualquer um. Por meio de suas obras fantásticas, Octavia discutiu temas importantes em sua própria vida e sociedade: raça, escravidão, humanidade e religião. Em 1995, ela foi premiada com a prestigiosa Bolsa MacArthur — foi a primeira escritora de ficção científica a recebê-la.

Julie Dash
1952–

CINEASTA

Parece que Julie sempre soube que queria ser cineasta, ainda que sua jornada tenha começado por um golpe de sorte. Quando adolescente, ela participou de uma oficina de cinema no Studio Museum no Harlem. Ela achava que a oficina seria de fotografia, mas, para sua surpresa, era para filmes — e deu certo. Ela estudou Cinema na faculdade, fez um curso de dois anos no American Film Institute e depois obteve seu mestrado em artes plásticas na Universidade da Califórnia em Los Angeles (UCLA).

Durante seu tempo na UCLA, uniu-se a uma nova geração de estudantes negros no programa de direção. Todos eles foram alimentados por um amor pelo cinema e um desejo de fazer um trabalho novo e inclusivo. Eram conhecidos como os cineastas da rebelião de Los Angeles. Todos colaboraram juntos e ajudaram uns aos outros — e Julie era a melhor em fazer cabelo e maquiagem!

Em 1991, Julie fez seu primeiro longa-metragem, *Filhas do pó*, sobre uma família da comunidade Gullah/Geechee — descendentes de escravizados africanos que viviam na região de Lowcountry da Carolina do Norte e na Costa Leste da Geórgia. O filme é um drama familiar lírico centrado em três gerações de mulheres e seus preparativos religiosos e tradicionais para uma grande mudança. Esse foi o primeiro filme de uma mulher afro-americana a receber um lançamento geral nos cinemas nos Estados Unidos. Em 2004, a Biblioteca do Congresso colocou *Filhas do pó* no National Film Registry.

A paixão de Julie pelo cinema é realmente notável. Ela participou de diversos programas de destaque, foi indicada a inúmeros prêmios e distinções e é ex-aluna dos melhores programas de cinema do país. Em uma indústria dominada por homens, ela foi muitas vezes a primeira onde quer que fosse, mas definitivamente não será a última.

Ruby Bridges
1954 –

ATIVISTA

Ruby fez história em 1960, quando, aos seis anos de idade, tornou-se a primeira aluna a frequentar uma escola só para brancos em Nova Orleans. Embora algumas outras cidades já tivessem começado a dessegregar — como era a lei desde que uma decisão da Suprema Corte em 1954 declarou que "separados, mas iguais" na verdade não era igual —, havia algumas onde as escolas ainda eram divididas por raça. Entretanto, depois de uma decisão importante, o tribunal ordenou que as escolas de Nova Orleans fossem dessegregadas, e Ruby foi selecionada para ser a primeira aluna negra a frequentar a Escola de Ensino Fundamental William Frantz. Cada passo era um desafio. Muito antes de seu primeiro dia, Ruby teve que fazer um exame para ser admitida na escola — que foi escrito de tal forma que os alunos negros tinham menos probabilidade de passar. O pai temia o que poderia acontecer se ela passasse, mas a mãe pressionou para que Ruby o fizesse e tivesse uma educação melhor. Muitas pessoas não apoiaram a dessegregação e, no primeiro dia de aula, manifestantes cercaram a escola. Ruby teve que ser escoltada por sua mãe e oficiais dos Estados Unidos para entrar. Ela era muito pequena e tinha dificuldade em entender o que estava acontecendo. Muitos anos depois, disse que achava que era uma celebração do Mardi Gras por causa do número de pessoas nas ruas. Ela não fazia ideia de que eles estavam lá para protestar contra a sua presença. Uma vez dentro da escola, as dificuldades continuaram. Pais brancos tiraram seus filhos das aulas e muitos professores se recusaram a ensinar a uma aluna negra. Apenas a srta. Henry concordou em ensiná-la, uma jovem que havia se mudado de Boston para Louisiana, e tornou-se a única confidente e amiga de Ruby. Durante a luta pelos direitos civis, Ruby se tornou um símbolo da vulnerabilidade que todos os negros americanos enfrentavam.

Oprah Winfrey
1954–

JORNALISTA TELEVISIVA E PERSONALIDADE DA MÍDIA

Desde a mais tenra idade, Oprah tinha talento para a fala. A futura rainha da televisão diurna recitava poemas aos três anos. Depois de uma infância marcada por maus-tratos e negligência, foi morar com o pai na adolescência, que a incentivava a ler livros e se dedicar à educação.

Durante o ensino médio em Nashville, Tennessee, ela conseguiu um emprego na rádio e depois no noticiário da televisão local, tornando-se âncora de notícias (enquanto ainda estava na faculdade!). Ela passou por uma fase difícil quando foi rebaixada devido ao seu grande envolvimento emocional nas notícias, mas logo encontrou seu lar em programas de entrevistas, em que sua compaixão e empatia eram um trunfo e sua personalidade dinâmica era inconfundível. Em 1985, transformou um programa da área de Chicago no *The Oprah Winfrey Show*, que, um ano depois, passou a ser transmitido nacionalmente. Em 1986, ela fundou sua própria produtora, Harpo Productions, e se tornou a primeira mulher negra na história a ter e produzir seu próprio programa de televisão. A carreira de Oprah não parou na televisão. Ela produziu filmes e peças de teatro e lançou sua própria rede de televisão e uma revista. Também escreveu livros e criou um influente clube do livro. Ela ganhou inúmeros prêmios e se tornou apenas a segunda bilionária afro-americana.

Oprah usa sua influência para ajudar os outros. Por meio de suas várias instituições de caridade, fornece fundos para escolas, comunidades e famílias carentes e jovens e crianças vulneráveis em todo o mundo. Em 2013, o presidente Barack Obama a homenageou com a mais alta honraria civil, a Medalha Presidencial da Liberdade. Apesar das dificuldades de seu passado, Oprah usou seus dons para construir uma carreira forte e criou uma plataforma para efetuar mudanças reais no mundo.

Gwen Ifill
1955–2016

JORNALISTA

Gwen nasceu em Nova York, mas cresceu por toda a Costa Leste. Seu pai, um imigrante caribenho, era ministro viajante, então a família se mudava com ele. Uma coisa que permanecia uma tradição familiar, não importava onde morassem, era sentar-se ao redor da televisão todas as noites para assistir ao noticiário. O interesse de Gwen pela forma como o mundo funcionava cresceu a partir daí. Desde os nove anos, ela sabia que queria ser jornalista.

Na faculdade, Gwen estudou comunicação e, logo após a formatura, começou a carreira no jornalismo. Passou de pequenos jornais para publicações de prestígio, como o *Washington Post* e o *New York Times*, e depois fez a transição para a televisão. Criou uma reputação como uma jornalista experiente e analítica. Em 1999, ela começou a trabalhar na PBS em dois programas políticos. Sua postura no mundo da política lhe rendeu a respeitada posição de moderadora do debate da vice-presidência nas eleições de 2004 —a primeira mulher negra a ter essa função. Ela passou a moderar o mesmo debate durante as eleições de 2008 e o debate primário democrata de 2016.

Em 2013, ainda trabalhando para a PBS, Gwen conseguiu uma promoção que faria história. Ela e sua colega Judy Woodruff foram contratadas como âncoras do NewsHour, o que as tornou a primeira equipe de notícias totalmente feminina da rede e fez de Gwen a primeira âncora afro-americana de um programa de notícias da rede.

Muitos olhavam para Gwen como o modelo definitivo no jornalismo. Uma pioneira em seu campo, ela era uma verdadeira profissional: cheia de integridade e justiça.

Reportagem Especial

PBS JORNAL

Dra. Mae Jemison
1956–

ENGENHEIRA, MÉDICA E ASTRONAUTA

Quando criança, Mae adorava ler, principalmente livros sobre ciência e astronomia. Ainda no jardim de infância, ela já sabia que queria se tornar uma cientista. Isso, porém, não a afastou de outras paixões. Mae também queria ser bailarina e, durante a juventude, estudou todos os tipos de dança.

Na faculdade, na década de 1970, Mae se formou em Engenharia Química e Estudos Afro-americanos. Quando conheceu o dr. Martin Luther King Jr., viu o trabalho dele como um chamado à ação para ajudar as pessoas e então, depois de se formar, decidiu se tornar médica.

Ela se juntou ao Corpo da Paz em 1983 e viajou para a África Ocidental em um programa de dois anos para fornecer assistência médica aos necessitados. Depois de retornar, viu grandes mudanças ocorrendo na NASA. Em 1983, por exemplo, Sally Ride se tornou a primeira mulher americana no espaço. Mae sempre se imaginou no espaço, mas hesitava em perseguir esse sonho. Porém, foi ao ver a atriz Nichelle Nichols interpretar a tenente Uhura em *Star Trek* que ela enfim se sentiu inspirada a se inscrever no programa espacial. Em 1987, Mae se tornou a primeira mulher negra no programa de treinamento de astronautas e, alguns anos depois, voou para a órbita — como a primeira mulher afro-americana no espaço.

Mae ainda queria ter um impacto direto na vida das pessoas e, por isso, deixou a NASA em 1993 e criou sua própria empresa, a Jemison Group, que pesquisa como a tecnologia pode ajudar as pessoas no dia a dia. Ela também iniciou a Dorothy Jemison Foundation for Excellence, que em 1994 inaugurou o The Earth We Share, um acampamento de ciências para crianças.

A primeira mulher negra americana astronauta

Florence Joyner
1959-1998

VELOCISTA

Quando criança, Florence adorava se destacar, o que não era fácil em meio a dez irmãos e irmãs. A mãe dela era modelo e a avó, esteticista, então estilo e beleza sempre fizeram parte de sua vida e, muitas vezes, de como ela se expressava.

Os talentos atléticos surgiram cedo — ao visitar o pai no deserto de Mojave, Florence apanhou uma lebre que tentou fugir dela. Aos sete anos, já estava ganhando corridas e teve uma carreira atlética de sucesso no ensino médio e na faculdade. Na Universidade do Estado da California, Northridge, ela conheceu seu treinador de longa data, Bob Kersee. Em 1982, Florence estava se destacando no mundo do atletismo. Era vista como uma excelente atleta, mas seu estilo pessoal também não passava despercebido. Na pista, ostentava uniformes chamativos — muitas vezes desenhados por ela mesma — e unhas compridas. Em 1984, participou de sua primeira Olimpíada e ganhou uma medalha de prata.

Ela tirou uma folga da corrida e trabalhou em outros empregos, incluindo representante de banco e esteticista. Casou-se com o também corredor Al Joyner, cuja irmã Jackie Joyner logo se casou com o antigo treinador de Florence, Bob Kersee. Com uma família de corredores, ela foi incentivada a voltar a competir e concentrou-se nas Olimpíadas de 1988. Ganhou uma medalha de prata e duas de ouro e estabeleceu um novo recorde mundial que mantém até hoje. Foi também ali que ganhou o apelido de FloJo. Mesmo com uma carreira de sucesso, Florence tinha outras paixões e interesses: desenvolveu uma linha de roupas e produtos para unhas, escreveu livros infantis e criou uma fundação para jovens. Ela nunca seria definida como uma única função, e certamente sempre se destacaria da multidão.

A mulher mais rápida
de todos os tempos

Lorna Simpson
1960–

FOTÓGRAFA

Nascida no Brooklyn, em Nova York, Lorna começou sua carreira como fotógrafa documental, com o objetivo de capturar a vida como ela é. Depois da faculdade, porém, ela fez uma viagem à Europa e à África e se interessou em mudar a forma como as pessoas podiam experimentar as fotografias.

Lorna queria usar a fotografia como uma forma de *entender* o objeto em vez de apenas olhar para ele. Em particular, queria criar uma melhor compreensão das mulheres afro-americanas. Grande parte do trabalho de Lorna se concentrou em experimentar e encontrar novas maneiras de desenvolver imagens.

Na década de 1980, enquanto fazia pós-graduação na Universidade da Califórnia em San Diego, Lorna começou a incorporar texto em suas imagens para adicionar uma segunda camada de significado. Deu a esse novo estilo o nome de "foto-texto", e esses se tornaram seus trabalhos mais icônicos. Ela chamou a atenção para a relação e percepção da sociedade contemporânea sobre as mulheres afro-americanas. Por meio da arte, abordou temas como raça, gênero e identidade. Muitos de seus trabalhos obscurecem os rostos das figuras — ela os chama de "antirretratos".

Lorna expôs suas fotografias em alguns dos locais mais respeitados do mundo da arte. Em 1990, tornou-se a primeira mulher afro-americana a expor no maior festival internacional de artes, a Bienal de Veneza.

Lorna continua a expandir os limites e experimentar outras mídias, como vídeo, desenho e serigrafia. Seu trabalho ajudou a pavimentar o caminho no mundo das artes para outras artistas negras.

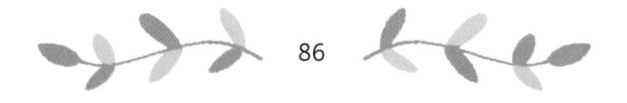

Dominique Dawes
1976-

GINASTA

Dominique era uma criança extremamente enérgica, então, quando tinha seis anos, os pais a levaram para aulas de ginástica para concentrar sua energia. Quando entrou na academia, ela pensou: "Ah, eu posso fazer qualquer coisa", mas logo aprendeu que é preciso muito trabalho para ser um grande atleta. Quando tinha nove anos, criou o próprio lema: D3. Ela escreveu as palavras "determinação, dedicação, desejo" com creme de barbear no espelho para se manter encorajada. Isso fez dela uma competidora feroz, que logo fez história por seu talento e por quebrar muitas barreiras raciais. Em 1988, ela se tornou a primeira mulher afro-americana a se juntar à Equipe Nacional de Ginástica Feminina.

Aos dezesseis, ganhou sua primeira medalha de bronze individual nas Olimpíadas de 1992. E isso foi apenas o começo. Dois anos depois, no Campeonato Nacional, Dominique impressionou os jurados e o público e saiu com cinco medalhas de ouro: geral, salto, barras assimétricas, trave de equilíbrio e solo. Foi a primeira ginasta em 25 anos a vencer todas as categorias!

Em 1996, ela foi para sua segunda Olimpíada. Ela e seis outros talentosos companheiros de equipe ganharam o apelido de Os Sete Magníficos e levaram o ouro para casa. Essa foi a primeira vez que uma equipe americana ganhou o ouro olímpico. Os companheiros de equipe e treinadores de Dominique deram a ela o apelido de Awesome Dawesome, que logo se espalhou para seus fãs. Mesmo tendo se aposentado da ginástica em 2000, ela continua envolvida no esporte. Em 2005, foi empossada no Hall da Fama da Ginástica dos Estados Unidos. Sem dúvida, Dominique foi uma inspiração para as jovens que seguiram seus passos. Gabby Douglas e Simone Biles veem Dominique como desbravadora e uma fonte de inspiração!

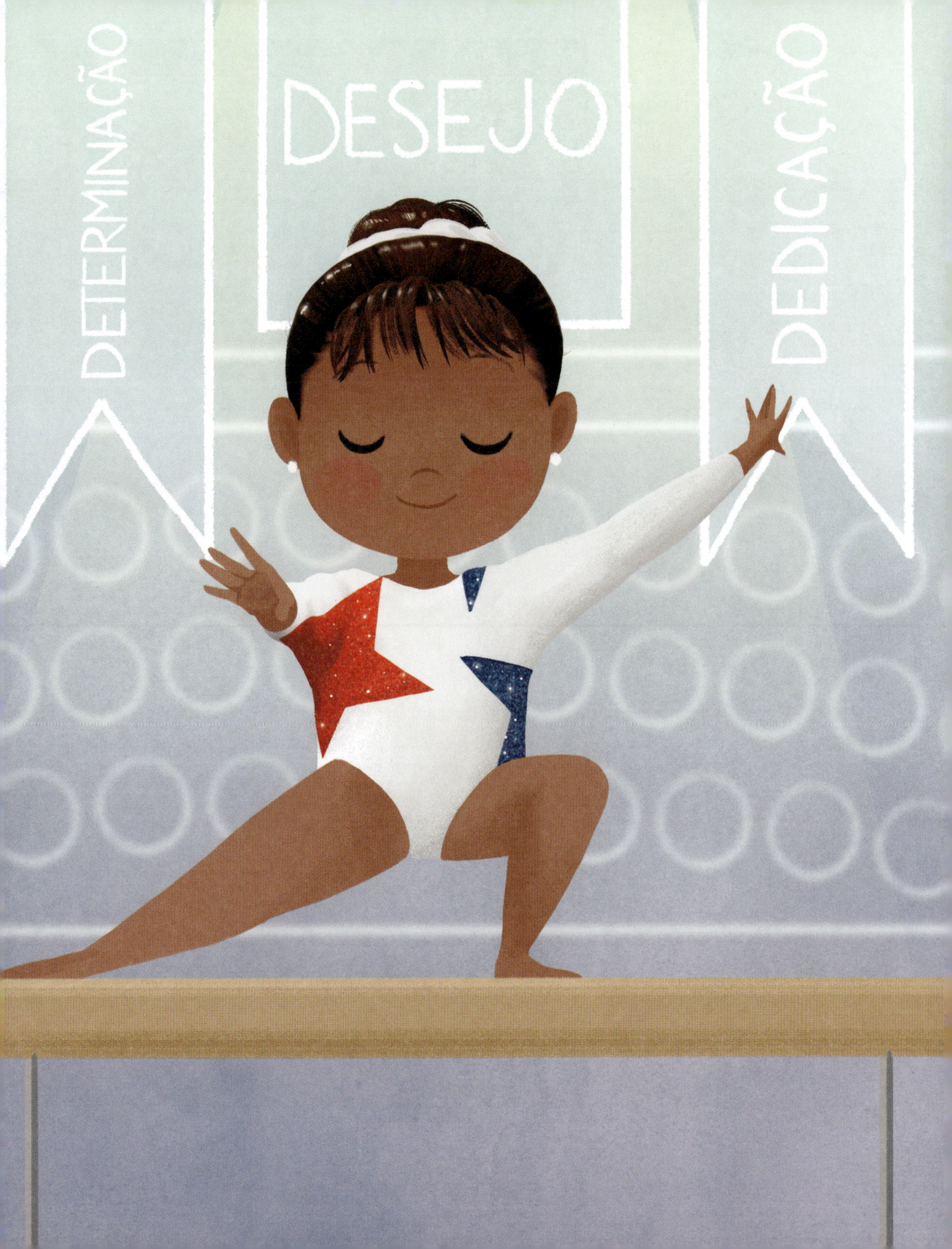
DETERMINAÇÃO
DESEJO
DEDICAÇÃO

Maria Firmina dos Reis
1822 – 1917

ESCRITORA

A primeira romancista brasileira, Maria Firmina dos Reis, era negra, nordestina e foi uma mulher à frente do seu tempo. Nascida em 1822, em São Luís, no Maranhão, Maria Firmina teve uma infância pobre e aos oito anos se mudou para a casa de uma tia que podia lhe oferecer melhores condições. Foi lá que, pela primeira vez, ela teve contato com a literatura. Ela adorava passar o dia lendo, aprendendo e descobrindo coisas novas.

Em 1847 se tornou professora, sendo a primeira mulher a ser aprovada em um concurso público no seu estado. Com competência, conquistou o respeito das pessoas ao seu redor, e em 1859 publicou o romance *Úrsula*, que foi assinado com o pseudônimo "Uma Maranhense", não revelando quem o escreveu. Isso nos mostra como as mulheres negras tinham muita dificuldade de circular em meios de artistas e intelectuais naquela época. Em *Úrsula*, Maria Firmina retratou pessoas negras escravizadas como nobres e generosas, algo inédito nos livros escritos até então. Seus personagens têm voz altiva e não são colocados como pessoas inferiores, o que tornou a obra um marco no movimento abolicionista brasileiro — especialmente ao considerarmos que a Lei Áurea foi assinada apenas em 1888, 29 anos após a publicação de *Úrsula*.

Escrever era uma das grandes paixões de Maria Firmina, que se aventurou em diversos gêneros literários. Além de romances, ela também chegou a escrever um livro de poesia e publicou crônicas em jornais da sua cidade. Em sua homenagem, no dia 11 de março, o dia do seu aniversário, é comemorado o Dia da Mulher Maranhense. Com muita coragem, Maria Firmina abriu caminho para que muitas outras mulheres negras brasileiras acreditassem em seus sonhos.

Mais Pequenas Grandes Líderes

Foi tão difícil escolher apenas quarenta mulheres destemidas para apresentar neste livro que não pude deixar de compartilhar mais algumas com você. Algumas dessas mulheres seguiram os passos daquelas que vieram antes delas; outras trilharam seu próprio caminho. Dorothy Height abriu portas para todas as mulheres no Movimento dos Direitos Civis, e Carrie Mae Weems ajudou a abrir espaço para as artistas negras que a seguiram. Sem Zora Neale Hurston, alguns dos melhores ensaios de Alice Walker talvez nunca tivessem sido escritos.

Veja se você consegue encontrar conexões entre algumas dessas Pequenas Grandes Líderes e outras ao longo do livro.

Mary Jane Patterson · 1840-1894
Primeira mulher negra nos Estados Unidos a se formar na faculdade

Madam C. J. Walker · 1867-1919
Primeira mulher americana a se tornar uma empreendedora milionária

Dorothy Height · 1912-2010
Ativista dos direitos das mulheres, madrinha do Movimento dos Direitos Civis

Lorraine Hansberry • 1930–1965
Primeira mulher negra a escrever
uma peça da Broadway

Alice Walker • 1944–
Romancista ganhadora do
Pulitzer por *A cor púrpura*

Carrie Mae Weems • 1953–
Artista multimídia conhecida por
focar a vida afro-americana

Vernice Armour • 1973–
Primeira mulher negra a ser piloto de
combate nas Forças Armadas dos EUA

Venus Williams • 1980
Primeira mulher negra a ganhar o
1º lugar desde o início da era Open
em 1968

Serena Williams • 1981–
Mais vitórias de Grand Slam por
um jogador na era Open

Misty Copeland • 1982–
A primeira bailarina principal
negra da história do American
Ballet Theatre

Gabby Douglas • 1995–
Primeira ginasta negra a
ganhar o ouro nas individuais
da Olimpíada

Simone Manuel • 1996–
Primeira mulher negra a ganhar
a medalha olímpica individual
de natação

Leituras Complementares

PARA LER, VER E ESCUTAR

Fazer a pesquisa para este livro foi uma experiência incrível. Ao mesmo tempo reveladora e de partir o coração, me fez querer aprender mais. Infelizmente, não consegui encaixar tanto nestas páginas quanto gostaria. Foi uma tarefa difícil contar as histórias dessas mulheres em alguns parágrafos, mas espero ter despertado seu interesse em saber mais.

Aqui estão alguns lugares para começar.

WEBSITES

Archive.org

Biography.com

Brittanica.com

Encyclopedia.com

Makers.org

NAACP.org

NASA.gov

Pulitzer.org

LIVROS

Olson, Lynne. *Freedom's Daughters: The Unsung Heroines of the Civil Rights Movement from 1830 to 1970*. New York: Scribner, 2002.

Shetterly, Margot Lee. *Hidden Figures Young Readers Edition*. New York: HarperCollins, 2016.

Warren, Wini. *Black Women Scientists in the United States*. Bloomington: Indiana University Press, 2000.

FILMES E TV:

Dash, Julie, dir. *Filhas do pó*. American Playhouse, 1991.

Eyes on the Prize. Catorze episódios que foram ao ar entre 21 de janeiro de 1987 a 5 de março de 1990, na PBS.

Garbus, Liz, dir. *O que aconteceu, Miss Simone?* Netflix, 2015.

Hercules, Bob and Rita Coburn Whack, dirs. *Maya Angelou, e ainda resisto*. American Masters, 2017.

Marian Anderson: The Lincoln Memorial Concert. 1939.

Nelson, Stanley, dir. *Passageiros da liberdade*. Foi ao ar em 16 de maio de 2011, na PBS.

ÁLBUNS:

Fitzgerald, Ella, "A-Tisket, A-Tasket", 1938.

Jackson, Mahalia, "How I Got Over", 1961.

Simone, Nina, "To Be Young, Gifted and Black", 1970.

LIVROS ESCRITOS POR MULHERES OUSADAS:

Sojourner Truth: *E eu não sou uma mulher? A narrativa de Sojourner Truth*

Zora Neale Hurston: *Seus olhos viam Deus*

Gwendolyn Brooks: *A Street in Bronzeville*

Maya Angelou: *Eu sei por que o pássaro canta na gaiola*

Nichelle Nichols: *Beyond Uhura: Star Trek and Other Memories*

Audre Lorde: *Zami: Uma nova grafia do meu nome*

Octavia E. Butler: *Kindred*

Oprah Winfrey: *O que eu sei de verdade*

Maria Firmina dos Reis: Úrsula

Carolina Maria de Jesus: Quarto de despejo

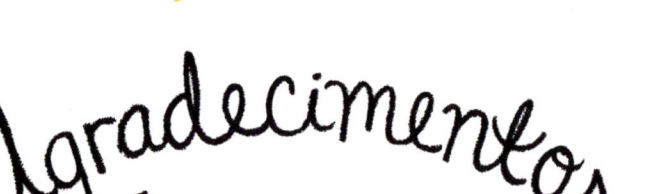

Agradecimentos

Foi um sonho dar vida a este livro com a equipe da Little, Brown. Me sinto tão sortuda por trabalhar com pessoas tão atenciosas, criativas e solidárias, e estou muito feliz em saber que minhas Pequenas Grandes Líderes têm um lar lá. Minha editora, Farrin Jacobs, de fato faz mágica, e foi lindo testemunhar o trabalho dela. O diretor criativo e designer Dave Caplan é de longe o criador mais cuidadoso e completo com quem já trabalhei. Muito obrigada a Kheryn Callender e Nicole Brown por seu trabalho árduo e disputas constantes em meus e-mails e uploads, bem como a Erika Schwartz e Jen Graham. Saber que este livro estava sob seus cuidados era ao mesmo tempo reconfortante e uma experiência incrível e edificadora.

Toda esta jornada foi um território desconhecido para mim, mas minha incrível agente literária, Carrie Hannigan, esteve comigo a cada passo deste caminho. Seu conhecimento e experiência são igualados apenas por seu carinho e consideração. Tenho grandes sonhos para o *Pequenas Grandes Líderes*, e Carrie está ajudando a torná-los realidade.

Obrigada aos meus amigos e familiares incrivelmente solidários, que deram ouvidos às minhas ideias e preocupações e participaram das minhas sessões emergenciais de explosão de ideias: Nicole Harrison, Kassiopia Ragoonanan, Kwesi Johnson, Elizabeth Webb e Lindsey Arturo. Um enorme emoji de mãos em louvor deve ser dedicado às milhares de pessoas nas redes sociais que apoiaram essas Pequenas Grandes Líderes e me imploraram para continuar. Gostaria de agradecer especialmente às mulheres negras: a demonstração de amor e as mensagens de agradecimento que recebo todos os dias são um lembrete constante de que venho da comunidade de pessoas mais solidárias do mundo.